Das kann ich schon (1)

Die Aufgaben waren für mich:

AF203768

○ **1** Färbe Parallelen mit der gleichen Farbe. Markiere rechte Winkel.

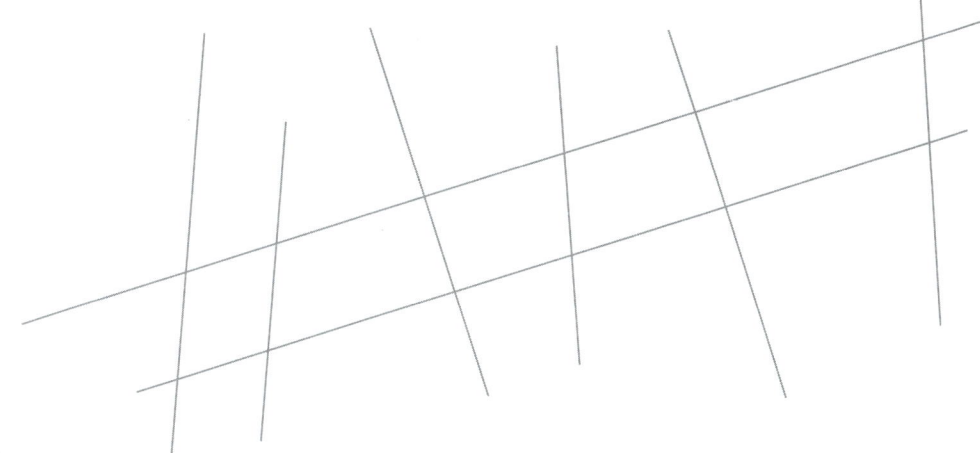

○ **2** Zeichne alle Spiegelachsen mit Lineal ein.

○ **3** Wie heißen die Körper?

_____   _____   _____

Bereich für die Lehrkraft

1 Parallelen und rechte Winkel erkennen _____
2 Symmetrieachsen einzeichnen _____
3 Geometrische Körper benennen _____

1

Das kann ich schon (1)

4 Welche Netze sind keine Würfelnetze? Streiche sie durch.

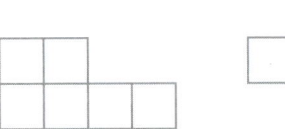 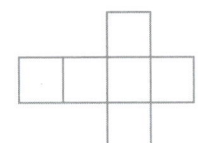 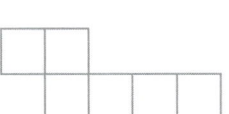 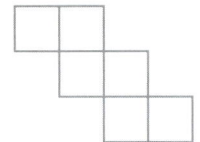

5 Aus welcher Richtung ist das Bauwerk jeweils zu sehen?

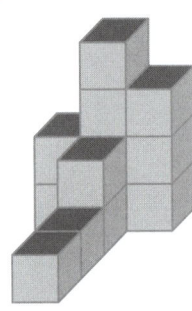 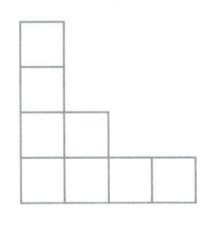 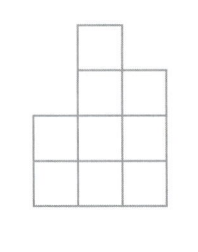

_____   _____

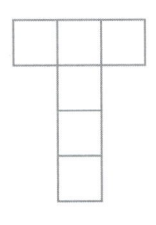 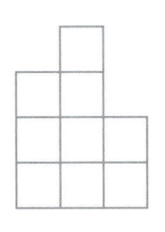 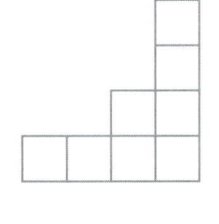

_____   _____   _____

6 Ergänze die Spiegelbilder.

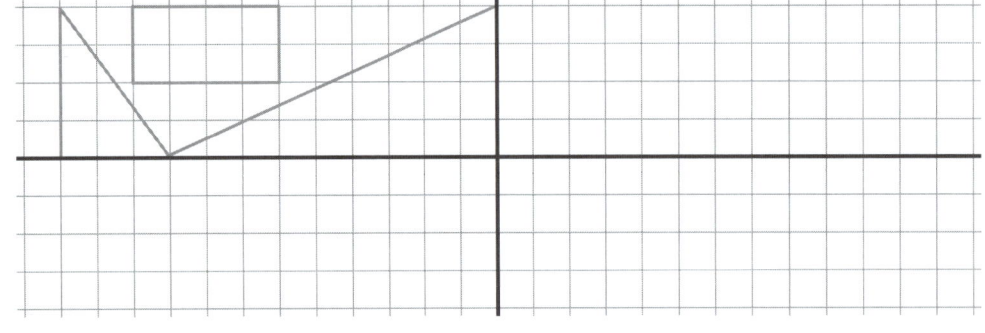

Bereich für die Lehrkraft

4 Würfelnetze erkennen

5 Ansichten von Würfelgebäuden erkennen

6 Achsensymmetrische Figuren zeichnen

   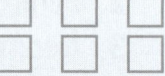

2

© Ernst Klett Verlag GmbH, Stuttgart 2023 | www.klett.de | Nur zum individuellen Gebrauch. Kopieren und vervielfältigen nicht gestattet.

Das kann ich schon (2)

Die Aufgaben
waren für mich:

○ 1 Ergänze.

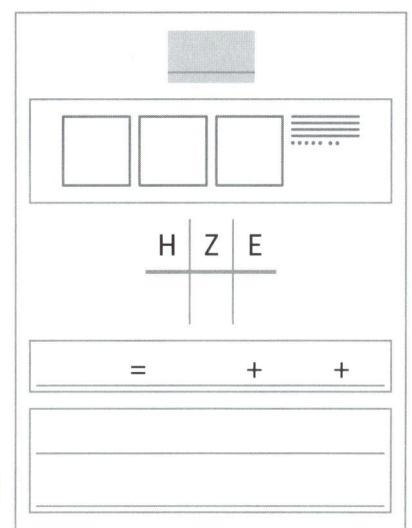 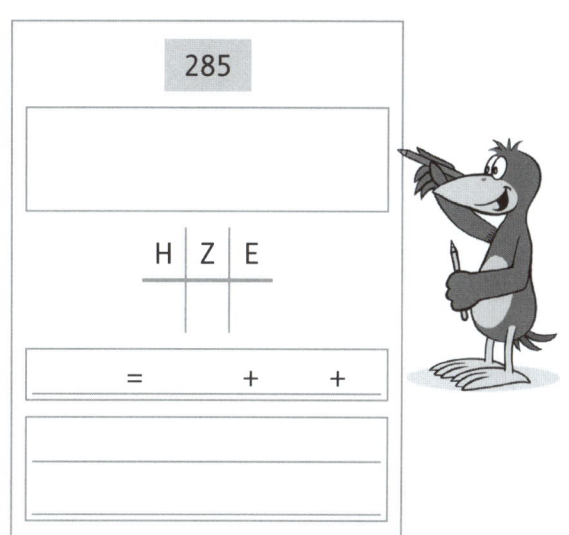

😊 😐 🙁
☐ ☐ ☐

○ 2 Verbinde.

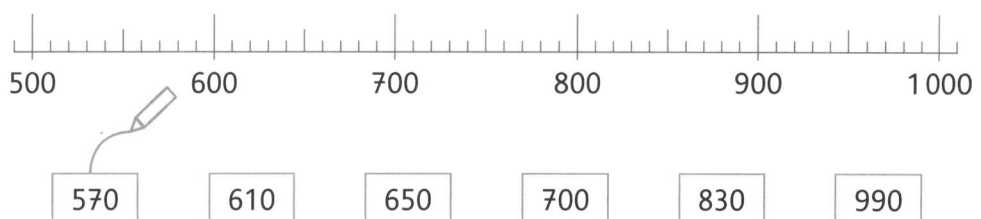

| 570 | 610 | 650 | 700 | 830 | 990 |

😊 😐 🙁
☐ ☐ ☐

○ 3
310 + 25 = _____   467 + 26 = _____   650 + 83 = _____

560 + 17 = _____   504 + 78 = _____   380 + 51 = _____

130 + 46 = _____   716 + 39 = _____   845 + 70 = _____

😊 😐 🙁
☐ ☐ ☐

○ 4
653 − 30 = _____   253 − 17 = _____   758 − 60 = _____

792 − 61 = _____   736 − 29 = _____   513 − 70 = _____

385 − 55 = _____   180 − 44 = _____   120 − 89 = _____

😊 😐 🙁
☐ ☐ ☐

Bereich für die Lehrkraft

😊 😐 🙁

1 Zahlen bis 100 darstellen
☐ ☐ ☐

2 Zahlen am Zahlenstrahl einordnen
☐ ☐ ☐

3 Additionsaufgaben lösen
☐ ☐ ☐

4 Subtraktionsaufgaben lösen
☐ ☐ ☐

3

© Ernst Klett Verlag GmbH, Stuttgart 2023 | www.klett.de | Nur zum individuellen Gebrauch. Kopieren und vervielfältigen nicht gestattet.

Das kann ich schon (2)

5 Löse. Rechne, wenn nötig, in den Karos.

18 · 6 = _____

9 · 87 = _____

42 · 8 = _____

84 : 7 = _____

153 : 9 = _____

704 : 8 = _____

6 Immer hin und her. Triff die Zielzahlen.

| 8 | → | 16 | → | 10 | → | | → | | → | 28 |

| 50 | → | 40 | → | 120 | → | | → | | → | 320 |

7 Die 218 Hühner vom Bauer Anders legten diese Woche 446 braune und 470 weiße Eier. In der Woche davor waren es 110 Eier weniger.

Kreuze die richtige Antwort an.

Wie viele Eier waren es in der Woche davor?

☐ 916 Eier

☐ 806 Eier

☐ 706 Eier

☐ 336 Eier

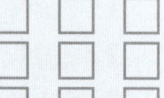

Bereich für die Lehrkraft

5 Aufgaben zur halbschriftlichen Multiplikation und Division lösen

6 Regeln in Zahlenfolgen erkennen, Zahlenfolgen fortsetzen

7 Korrekte Lösung zu komplexer Sachaufgabe finden

4

© Ernst Klett Verlag GmbH, Stuttgart 2023 | www.klett.de | Nur zum individuellen Gebrauch. Kopieren und vervielfältigen nicht gestattet.

Zahlen bis 10 000

○ 1

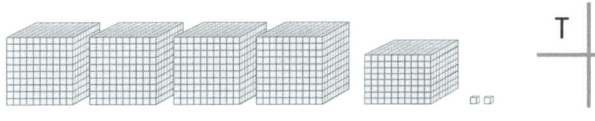

T	H	Z	E	Zahl

__ T __ H __ Z __ E

T	H	Z	E	Zahl

__ T __ H __ Z __ E

○ 2

T	H	Z	E
3	8	2	1

_____ = _____ + _____ + ___ + _

T	H	Z	E
9	0	4	3

_____ = _____ + _____ + ___ + _

○ 3 a) Notiere die Zahl:

achttausenddreihundertvierundzwanzig _____

fünftausendneunhundertacht _____

b) Schreibe das Zahlwort.

T	H	Z	E
9	8	7	6

_____

_____

T	H	Z	E
7	3	0	5

_____

_____

Bereich für die Lehrkraft

1 Zahlen bis 10 000 erkennen und in Stellentafel darstellen
2 Zahlen in T, H, Z, E zerlegen und als Additionsaufgabe notieren
3 Zahlen und Zahlwörter schreiben

5

© Ernst Klett Verlag GmbH, Stuttgart 2023 | www.klett.de | Nur zum individuellen Gebrauch. Kopieren und vervielfältigen nicht gestattet.

Zahlen bis 10 000

○ **4** Ergänze den Steckbrief.

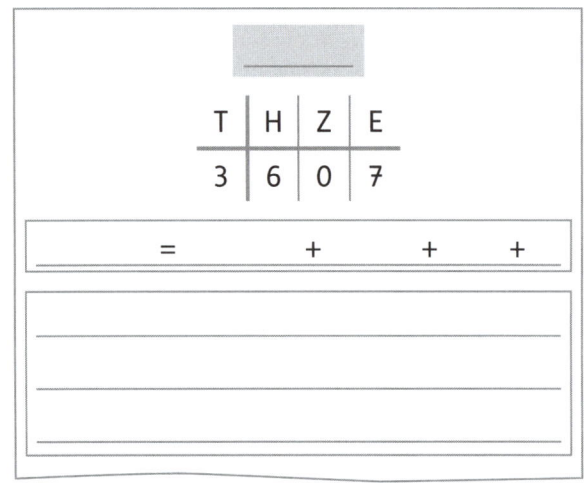

T	H	Z	E
3	6	0	7

= ____ + ____ + ____ + ____

☺ ☺ ☹
☐ ☐ ☐
⬤

○ **5**

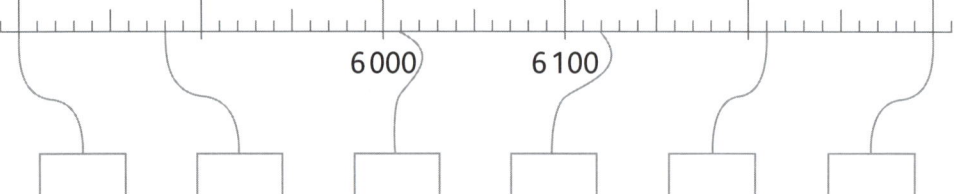

6 000   6 100

☺ ☺ ☹
☐ ☐ ☐

◑ **6**

NT	NH	NZ	V	Z	N	NZ	NH	NT
				2 398				
				7 304				
				5 539				

☺ ☺ ☹
☐ ☐ ☐
⬤

● **7**

Meine Zahl hat 2 Zehner, 3 Hunderter, 5 Einer und genauso viele Tausender wie Einer. _____	Meine Zahl hat 3 Zehner und doppelt so viele Einer. Sie hat 8 Hunderter und halb so viele Tausender. _____

☺ ☺ ☹
☐ ☐ ☐

Bereich für die Lehrkraft

☺ ☺ ☹

4 Zahlen bis 10 000 unterschiedlich darstellen   ☐ ☐ ☐
5 Zahlen am Zahlenstrahl darstellen   ☐ ☐ ☐
6 Nachbarzahlen im Zahlenraum bis 10 000 finden   ☐ ☐ ☐
7 Zahlenrätsel lösen   ☐ ☐ ☐

© Ernst Klett Verlag GmbH, Stuttgart 2023 | www.klett.de | Nur zum individuellen Gebrauch. Kopieren und vervielfältigen nicht gestattet.

Zahlen bis 100 000

○ **1** Zerlege die Zahlen in Zehntausender, Tausender, Hunderter, Zehner und Einer.

68 219 = _____ + _____ + _____ + _____ + _____

90 640 = _____ + _____ + _____ + _____ + _____

52 001 = _____ + _____ + _____ + _____ + _____

🙂 🙂 🙁
☐ ☐ ☐

○ **2** a)

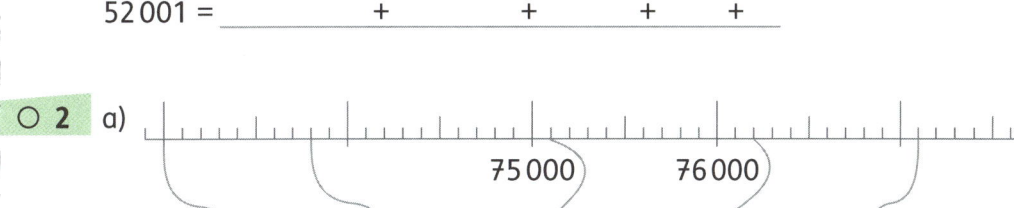

b)

20 500　　20 600　　20 900　　30 000

🙂 🙂 🙁
☐ ☐ ☐

○ **3** <, > oder =?

18 354 ◯ 37 809　　　23 202 ◯ 32 202　　　94 698 ◯ 94 698

65 736 ◯ 5 736　　　78 357 ◯ 78 375　　　55 545 ◯ 55 454

🙂 🙂 🙁
☐ ☐ ☐

○ **4** Ordne die Zahlen nach der Größe. Beginne mit der kleinsten Zahl.

a)
| 27 014 | 40 217 | 40 712 | 24 071 | 24 710 |

_____

b)
| 99 889 | 98 998 | 89 989 | 89 898 | 99 899 |

_____

🙂 🙂 🙁
☐ ☐ ☐

Bereich für die Lehrkraft

🙂 🙂 🙁

1 Zahlen bis 100 000 in Stellenwerte zerlegen ☐ ☐ ☐

2 Sich im Zahlenstrahl orientieren ☐ ☐ ☐

3 Zahlen vergleichen ☐ ☐ ☐

4 Zahlen ordnen ☐ ☐ ☐

7

© Ernst Klett Verlag GmbH, Stuttgart 2023 | www.klett.de | Nur zum individuellen Gebrauch. Kopieren und vervielfältigen nicht gestattet.

Zahlen bis 100 000

○ **5** Ergänze die Steckbriefe.

45 821

Vorgänger: _____ Nachfolger: _____

Nachbarzehner: _____ _____

Nachbarhunderter: _____ _____

Nachbartausender: _____ _____

Nachbarzehntausender: _____ _____

80 209

Vorgänger: _____ Nachfolger: _____

Nachbarzehner: _____ _____

Nachbarhunderter: _____ _____

Nachbartausender: _____ _____

Nachbarzehntausender: _____ _____

☺ ☺ ☹
☐ ☐ ☐

◔ **6** Runde die Zahlen.

Zahl	auf Hunderter	auf Tausender	auf Zehntausender
39 063			
18 933			
96 174			

☺ ☺ ☹
☐ ☐ ☐

● **7** Löse die Zahlenrätsel.

Meine Zahl hat 2 Zehntausender, 5 Zehner, 6 Einer, 8 Hunderter und halb so viele Tausender wie Hunderter. _____	Meine Zahl hat doppelt so viele Tausender wie Hunderter. Sie hat 3 Hunderter, 5 Zehntausender, einen Zehner und keinen Einer. _____

☺ ☺ ☹
☐ ☐ ☐

Bereich für die Lehrkraft

☺ ☺ ☹

5 Steckbriefe zu Zahlen bis 100 000 schreiben _____ ☐ ☐ ☐

6 Zahlen auf verschiedene Stellen runden _____ ☐ ☐ ☐

7 Zahlenrätsel lösen _____ ☐ ☐ ☐

8

© Ernst Klett Verlag GmbH, Stuttgart 2023 | www.klett.de | Nur zum individuellen Gebrauch. Kopieren und vervielfältigen nicht gestattet.

Zahlen bis 1 000 000

Die Aufgaben waren für mich:

○ 1 Verbinde.

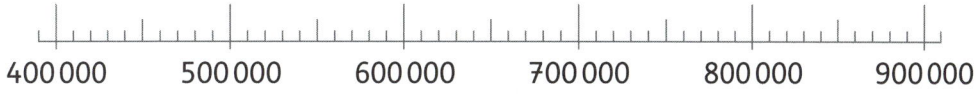

| 400 000 | 500 000 | 600 000 | 700 000 | 800 000 | 900 000 |

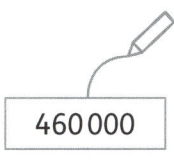

| 460 000 | | 620 000 | | 790 000 | | 810 000 |

○ 2 a) Notiere die Zahl.

dreihundertfünftausendneunhundertachtundneunzig

 _____

b) Schreibe das Zahlwort.

HT	ZT	T	H	Z	E
1	2	3	4	5	6

_____

_____

_____

○ 3 <, > oder = ?

863 437 ◯ 799 785

404 804 ◯ 404 408

969 567 ◯ 996 567

757 111 ◯ 777 101

207 579 ◯ 756 122

199 486 ◯ 99 486

303 845 ◯ 303 845

167 603 ◯ 176 603

○ 4 Vervollständige die Tabelle.

NHT	NZT	Z	NZT	NHT
		345 678		
		208 799		
		999 313		

Bereich für die Lehrkraft

1 Zahlen mit dem Zahlenstrahl verbinden

2 Zahlen und Zahlwörter schreiben

3 Zahlen vergleichen

4 Verschiedene Nachbaren einer Zahl bestimmen

© Ernst Klett Verlag GmbH, Stuttgart 2023 | www.klett.de | Nur zum individuellen Gebrauch. Kopieren und vervielfältigen nicht gestattet.

Name:

Datum:

Zahlen bis 1 000 000

Die Aufgaben waren für mich:

5

303 845

Vorgänger: Nachfolger:

Nachbarzehner:

Nachbarhunderter:

Nachbartausender:

Nachbarzehntausender:

290 039

Vorgänger: Nachfolger:

Nachbarzehner:

Nachbarhunderter:

Nachbartausender:

Nachbarzehntausender:

🙂 🙂 🙁
☐ ☐ ☐

●

6 Finde die fehlende Zahl.

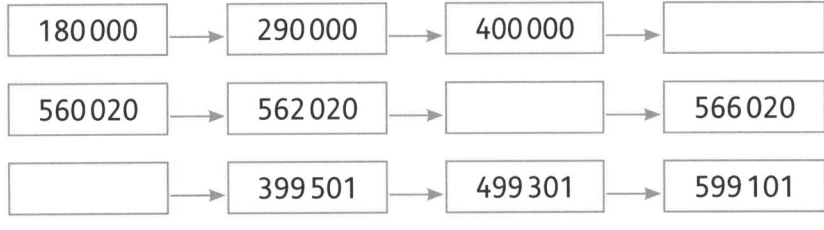

| 180 000 | → | 290 000 | → | 400 000 | → | |

| 560 020 | → | 562 020 | → | | → | 566 020 |

| | → | 399 501 | → | 499 301 | → | 599 101 |

🙂 🙂 🙁
☐ ☐ ☐

7

Meine Zahl hat 4 Hundert-tausender, 3 Einer, 6 Zehner, 8 Hunderter, 2 Zehntausender und genauso viele Tausender wie Zehntausender.

_____

Meine Zahl hat halb so viele Hunderter wie Hunderttausen-der. Sie hat 6 Hunderttausender, 5 Einer, 7 Zehntausender und jeweils 8 Tausender und Zehner.

_____

●

🙂 🙂 🙁
☐ ☐ ☐

Bereich für die Lehrkraft

🙂 🙂 🙁

5 Steckbriefe zu Zahlen schreiben _____ ☐ ☐ ☐

6 Zahlenfolgen lösen _____ ☐ ☐ ☐

7 Zahlenrätsel lösen _____ ☐ ☐ ☐

10

© Ernst Klett Verlag GmbH, Stuttgart 2023 | www.klett.de | Nur zum individuellen Gebrauch. Kopieren und vervielfältigen nicht gestattet.

Längen

○ 1 Ergänze die fehlenden Angaben.

Kilometer	Kilometer und Meter	Meter
	4 km 342 m	
	9 km 500 m	
7,234 km		
		580 m

😊 😐 ☹
☐ ☐ ☐

○ 2 <, > oder =?

a) 1110 m ◯ 0,111 km

385 m ◯ 3,085 km

4466 m ◯ 4,666 km

2992 m ◯ 2,099 km

b) 9,05 km ◯ 9 km 5 m

3,092 km ◯ 30 km 92 m

7,36 km ◯ 7 km 360 m

8,101 km ◯ 8 km 11 m

😊 😐 ☹
☐ ☐ ☐

○ 3 a) Schreibe in km.

8 km 700 m = _____

12 km 650 m = _____

54 km 321 m = _____

9 km 99 m = _____

b) Schreibe in m.

2 km = _____

5 km 90 m = _____

3,08 km = _____

11 km 111 m = _____

😊 😐 ☹
☐ ☐ ☐

○ 4 Ordne. Beginne mit der kleinsten Aufgabe.

a)

23 km	20,3 km	2,3 km	23,3 km	3 km 2 m

____ < ____ < ____ < ____ < ____

b)

$\frac{3}{4}$ km	700 m	$\frac{1}{2}$ km	350 m	$\frac{1}{4}$ m

____ < ____ < ____ < ____ < ____

😊 😐 ☹
☐ ☐ ☐

Bereich für die Lehrkraft

😊 😐 ☹

1 Längenangaben unterschiedlich notieren _____ ☐ ☐ ☐

2 Längenangaben vergleichen _____ ☐ ☐ ☐

3 Längenangaben umrechnen _____ ☐ ☐ ☐

4 Längenangaben ordnen _____ ☐ ☐ ☐

11

© Ernst Klett Verlag GmbH, Stuttgart 2023 | www.klett.de | Nur zum individuellen Gebrauch. Kopieren und vervielfältigen nicht gestattet.

Längen

5 Ergänze zu einem Kilometer.

845 m + _____ = 1 km   128 m + _____ = 1 km

431 m + _____ = 1 km   383 m + _____ = 1 km

607 m + _____ = 1 km   10 m + _____ = 1 km

66 m + _____ = 1 km   5 m + _____ = 1 km

6 Welche Angaben ergeben zusammen 10 Kilometer? Male an.

| $\frac{1}{2}$ km | 5 km | 500 m | 8 km |

| 3,5 km | 6 000 m | $4\frac{1}{2}$ km |

7

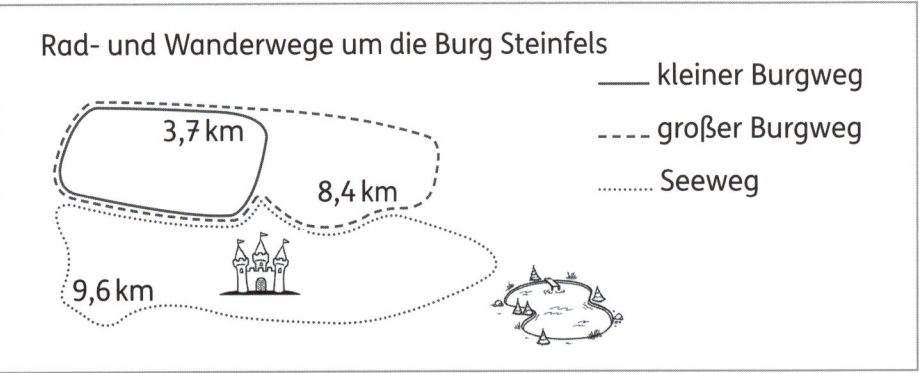

Rad- und Wanderwege um die Burg Steinfels

3,7 km

8,4 km

9,6 km

_____ kleiner Burgweg

- - - - großer Burgweg

.... Seeweg

Max ist heute genau 17,5 km mit dem Fahrrad gefahren.

Frage: Welche Wege ist er gefahren?

Lösung:

Antwort: _____

_____

© Ernst Klett Verlag GmbH, Stuttgart 2023 | www.klett.de | Nur zum individuellen Gebrauch. Kopieren und vervielfältigen nicht gestattet.

Halbschriftlich addieren und subtrahieren

Die Aufgaben waren für mich:

○ 1

$70\,000 +$ _____ $= 90\,000$

$20\,000 +$ _____ $= 100\,000$

$30\,000 +$ _____ $= 80\,000$

$80\,000 -$ _____ $= 10\,000$

$100\,000 -$ _____ $= 30\,000$

$60\,000 -$ _____ $= 20\,000$

$50\,000 +$ _____ $= 57\,000$

$40\,000 +$ _____ $= 44\,000$

$90\,000 +$ _____ $= 99\,000$

_____ $+$ _____ $= 86\,000$

_____ $+$ _____ $= 29\,000$

_____ $+$ _____ $= 73\,000$

○ 2 ●

$32\,400 + 50\,000 =$ _____

$32\,400 + 5\,000 =$ _____

$32\,400 + 500 =$ _____

$32\,400 + 50 =$ _____

$32\,400 + 5 =$ _____

$76\,899 - 40\,000 =$ _____

$76\,899 - 4\,000 =$ _____

$76\,899 - 400 =$ _____

$76\,899 - 40 =$ _____

$76\,899 - 4 =$ _____

○ 3

$6\,460 + 333 =$ _____

$56\,460 + 333 =$ _____

$3\,780 + 80 =$ _____

$33\,780 + 80 =$ _____

$8\,790 - 433 =$ _____

$28\,790 - 433 =$ _____

$4\,503 - 9 =$ _____

$64\,503 - 9 =$ _____

○ 4 ●

$15\,399 + 8 =$ _____

$81\,799 + 8 =$ _____

$76\,594 + 80 =$ _____

$30\,794 + 80 =$ _____

$42\,240 + 800 =$ _____

$96\,740 + 800 =$ _____

$23\,000 - 7 =$ _____

$60\,300 - 7 =$ _____

$58\,102 - 70 =$ _____

$10\,902 - 70 =$ _____

$75\,030 - 700 =$ _____

$80\,430 - 700 =$ _____

Bereich für die Lehrkraft

1 Im Zahlenraum bis 100 000 additiv und subtraktiv ergänzen

2 Bei Addition und Subtraktion die Stellenwerte beachten

3 Bei komplexen Additionen und Subtraktionen die Stellenwerte beachten

4 Additions- und Subtraktionsaufgaben mit Übergang lösen

13

© Ernst Klett Verlag GmbH, Stuttgart 2023 | www.klett.de | Nur zum individuellen Gebrauch. Kopieren und vervielfältigen nicht gestattet.

Halbschriftlich addieren und subtrahieren

Die Aufgaben waren für mich:

5 Verändere die Aufgaben so, wie es angegeben ist.

37 650 + 320 = _____

_____ + _____ = _____

_____ + _____ = _____

68 000 − 900 = _____

_____ − _____ = _____

_____ − _____ = _____

1. Summand immer + 3 000

2. Summand immer + 1 000

Summe immer _____

Minuend immer + 4 000

Subtrahend immer + 2 000

Differenz immer _____

6

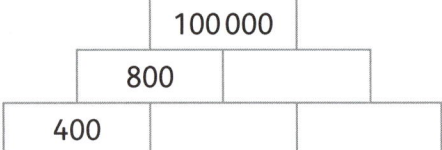

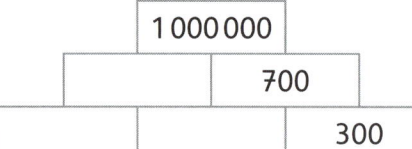

7 Der Äquator umspannt die Erde und ist
40 075 km lang. 3 734 km davon verlaufen
durch Afrika, 3 425 km durch Südamerika und
1 416 km durch große und kleine Inseln.
Der Rest des Äquators verläuft durch die Ozeane.
Frage: Wie viele Kilometer des Äquators verlaufen durch die Ozeane?

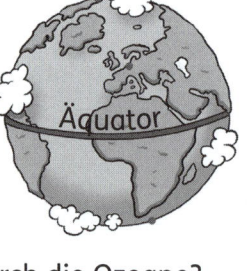

Lösungsweg:

Antwort: _____

Bereich für die Lehrkraft

5 Aufgabenrollen systematisch fortsetzen

6 Zahlenmauern lösen

7 Sachaufgabe mit großen Zahlen lösen

© Ernst Klett Verlag GmbH, Stuttgart 2023 | www.klett.de | Nur zum individuellen Gebrauch. Kopieren und vervielfältigen nicht gestattet.

Name: _____

Datum: _____

Schriftlich addieren und subtrahieren

Die Aufgaben waren für mich:

○ 1 Addiere schriftlich.

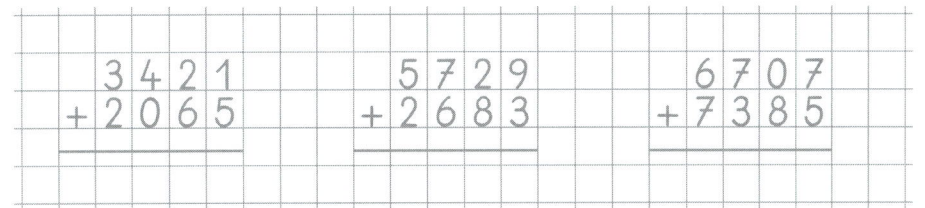

```
  3421        5729        6707
+ 2065      + 2683      + 7385
```

☺ ☻ ☹
☐ ☐ ☐

○ 2 Subtrahiere schriftlich.

●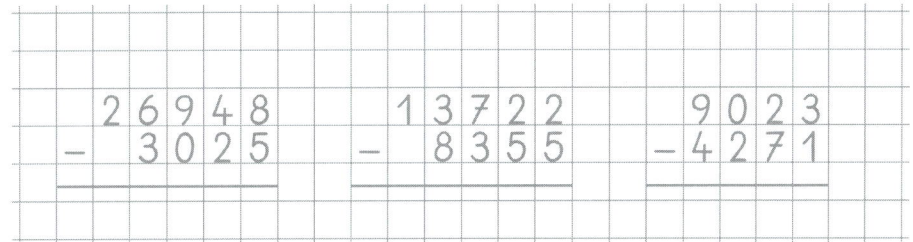

```
  26948       13722       9023
-  3025      -  8355     - 4271
```

☺ ☻ ☹
☐ ☐ ☐

○ 3 Schreibe stellengerecht untereinander. Addiere schriftlich.

38 709 + 45 388   356 768 + 56 023

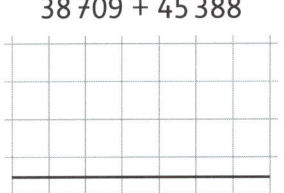   

☺ ☻ ☹
☐ ☐ ☐

○ 4 Schreibe stellengerecht untereinander. Subtrahiere schriftlich.

● 76 243 − 28 091   875 411 − 94 650

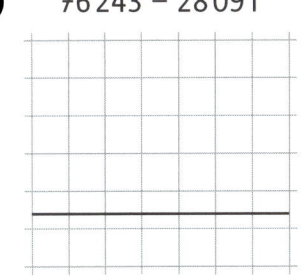   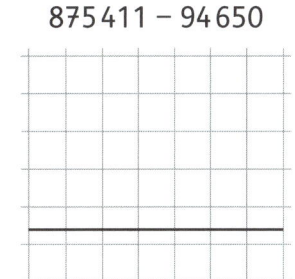

☺ ☻ ☹
☐ ☐ ☐

Bereich für die Lehrkraft

☺ ☻ ☹

	☺	☻	☹
1 Im Zahlenraum bis 1 000 000 schriftlich addieren	☐	☐	☐
2 Im Zahlenraum bis 1 000 000 schriftlich subtrahieren	☐	☐	☐
3 Bei schriftlicher Addition die Stellenwerte beachten	☐	☐	☐
4 Bei schriftlicher Subtraktion die Stellenwerte beachten	☐	☐	☐

15

© Ernst Klett Verlag GmbH, Stuttgart 2023 | www.klett.de | Nur zum individuellen Gebrauch. Kopieren und vervielfältigen nicht gestattet.

Name: _____   Datum: _____

Schriftlich addieren und subtrahieren

Die Aufgaben waren für mich:

⊖ 5 Klecksaufgaben: Trage die richtigen Ziffern ein.

		0	5	3		
+	2		4		2	0
	6	9		9	7	5

			0		8	2
+	4	8		4	4	3
		8	4	1	4	

	8	7	6		4	3
−		2	1		1	1
			4	4	2	

		4	0	3		5
−	4		3		1	
		4	1		6	4	6

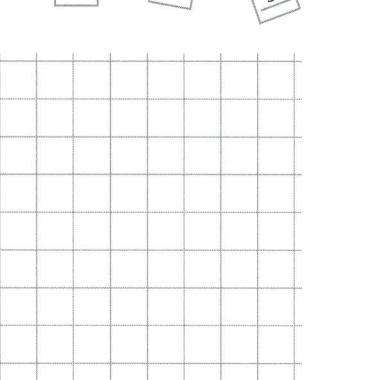

☺ ☺ ☹
☐ ☐ ☐

●

● 6 Lege aus den Ziffernkarten 5-stellige Zahlen.

a) Finde eine Summe zwischen 30 000 und 40 000. _____

b) Finde die größte Summe. _____

c) Finde die kleinste Summe. _____

d) Finde eine Differenz zwischen 10 000 und 20 000. _____

e) Finde die größte Differenz. _____

f) Finde die kleinste Differenz. _____

Ziffernkarten: 5, 2, 4, 1, 0, 3, 8, 6, 7, 9

☺ ☺ ☹
☐ ☐ ☐

●

☺ ☺ ☹
☐ ☐ ☐

Bereich für die Lehrkraft

5 Fehlende Ziffern in schriftlichen Additionen und Subtraktionen ergänzen

6 Summen und Differenzen nach vorgegebenen Bedingungen finden

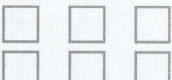
☺ ☺ ☹
☐ ☐ ☐
☐ ☐ ☐

© Ernst Klett Verlag GmbH, Stuttgart 2023 | www.klett.de | Nur zum individuellen Gebrauch. Kopieren und vervielfältigen nicht gestattet.

Name: _____

Datum: _____

Multiplizieren und Dividieren mit großen Zahlen

Die Aufgaben
waren für mich:

1

37 · 1 = _____	600 000 : 10 = _____
37 · 10 = _____	600 000 : 100 = _____
37 · 100 = _____	600 000 : 1 000 = _____
37 · 1 000 = _____	600 000 : 10 000 = _____
37 · 10 000 = _____	600 000 : 100 000 = _____

2

·	7	50	300	4 000
4				
40				
80				

:	3	80	4	60
2 400				
24 000				
240 000				

3

50 · ____ = 250	50 000 : _____ = 50
20 · ____ = 1 000	900 000 : _____ = 9
80 · ____ = 480	3 000 : _____ = 300
70 · ____ = 350	640 000 : _____ = 64
30 · ____ = 900	43 000 : _____ = 430

4 Eine Fliege schlägt in der Sekunde 250-mal mit den Flügeln.

Wie oft schlägt sie in einer Minute (in einer Stunde)?

In einer Minute: _____ In einer Stunde: _____

Bereich für die Lehrkraft

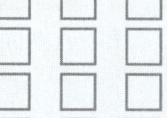

1 Multiplikation und Division mit 1, 10, 100, 1 000, 10 000, 100 000 ausführen

2 Multiplikations- und Divisionsaufgaben durch Analogieaufgabe im Kopf lösen

3 Ergänzungsaufgaben zur Multiplikation und Division bis 1 000 000 lösen

4 Sachaufgabe zur Multiplikation lösen

17

© Ernst Klett Verlag GmbH, Stuttgart 2023 | www.klett.de | Nur zum individuellen Gebrauch. Kopieren und vervielfältigen nicht gestattet.

Multiplizieren und Dividieren mit großen Zahlen

5 Finde das Muster. Berichtige die Aufgabenrolle.

$$80 \cdot 7 = 560$$
$$80 \cdot 70 = 5\,600$$
$$8 \cdot 7\,000 = 56\,000$$
$$80 \cdot 7\,000 = 560\,000$$

_____
_____
_____
_____

$$9 \cdot 4 = 36$$
$$9 \cdot 40 = 360$$
$$9 \cdot 400 = 3\,600$$
$$9 \cdot 40\,000 = 360\,000$$

_____
_____
_____
_____

6 Finde die Regel und ergänze.

$$\boxed{} \rightarrow \boxed{40} \rightarrow \boxed{200} \rightarrow \boxed{1\,000} \rightarrow \boxed{} \rightarrow \boxed{25\,000}$$

$$\boxed{200\,000} \rightarrow \boxed{20\,000} \rightarrow \boxed{40\,000} \rightarrow \boxed{} \rightarrow \boxed{} \rightarrow \boxed{800}$$

$$\boxed{} \rightarrow \boxed{} \rightarrow \boxed{20\,000} \rightarrow \boxed{40\,000} \rightarrow \boxed{160\,000} \rightarrow \boxed{320\,000}$$

$$\boxed{} \rightarrow \boxed{} \rightarrow \boxed{} \rightarrow \boxed{900} \rightarrow \boxed{900\,000} \rightarrow \boxed{90\,000}$$

7 Schreibe verschiedene Aufgaben zu den Ergebnissen.

_____ · _____ = 24\,000	_____ : _____ = 9\,000	
_____ · _____ = 24\,000	_____ : _____ = 9\,000	
_____ · _____ = 24\,000	_____ : _____ = 9\,000	
_____ · _____ = 24\,000	_____ : _____ = 9\,000	

Bereich für die Lehrkraft

5 Muster in der Aufgabenrolle erkennen und Fehler korrigieren _____

6 Zahlenfolgen lösen _____

7 Zu vorgegebenen Produkten passende Aufgaben finden _____

© Ernst Klett Verlag GmbH, Stuttgart 2023 | www.klett.de | Nur zum individuellen Gebrauch. Kopieren und vervielfältigen nicht gestattet.

8

Kreis und Kreismuster

○ 1 Zeichne jeweils einen Kreis mit dem angegebenen Radius um den Mittelpunkt.

a) r = 3,1 cm

b) r = 2,3 cm

×M   ×M

●

○ 2 Setze das Muster fort.

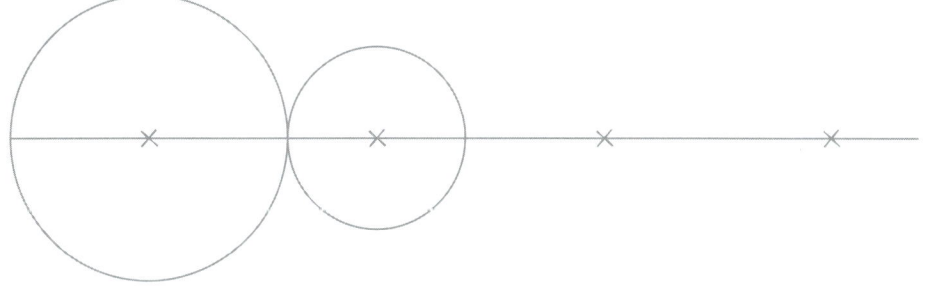

●

○ 3 Zeichne zwei Kreise, die sich schneiden.

Bereich für die Lehrkraft

1 Kreise mit vorgegebenem Radius zeichnen _____

2 Muster aus Kreisen fortsetzen _____

3 Sich schneidende Kreise zeichnen _____

19

© Ernst Klett Verlag GmbH, Stuttgart 2023 | www.klett.de | Nur zum individuellen Gebrauch. Kopieren und vervielfältigen nicht gestattet.

Name: _____

Datum: _____

Kreis und Kreismuster

4 Zeichne das Muster nach mit Geodreieck und Zirkel.

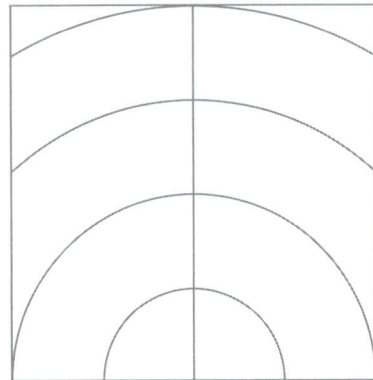

5 Zeichne das Muster nach. Der Radius der Kreise soll immer 4 cm betragen.

Färbe das Muster.

Bereich für die Lehrkraft

4	Figur mit Geodreieck und Zirkel nachzeichnen		
5	Kreismuster mit dem Zirkel erstellen und färben		

20

© Ernst Klett Verlag GmbH, Stuttgart 2023 | www.klett.de | Nur zum individuellen Gebrauch. Kopieren und vervielfältigen nicht gestattet.

(9)

Achsensymmetrie

○ **1** Zeichne die Symmetrieachsen ein und notiere die Anzahl.

 ___    ___    ___

 ___    ___    ___

●

○ **2** Ergänze das Spiegelbild. Färbe achsensymmetrisch.

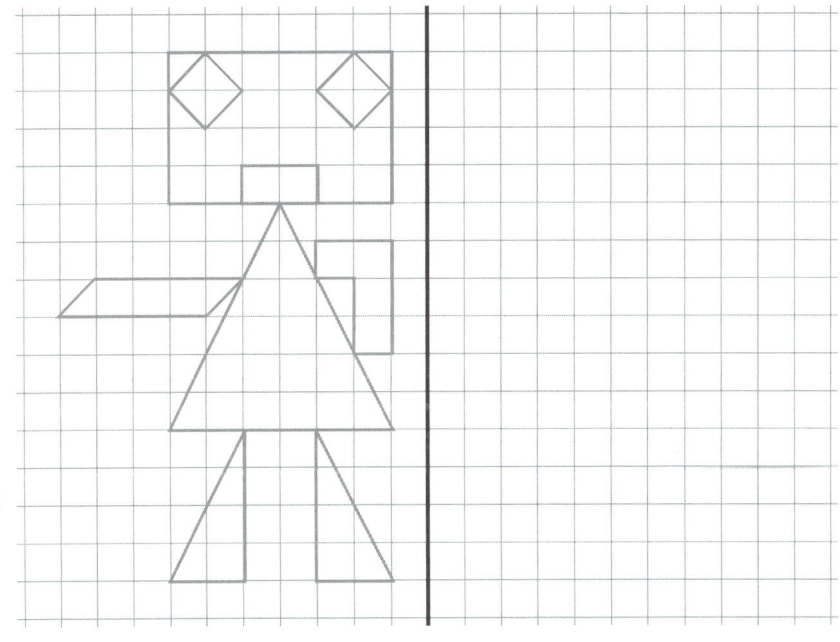

●

Bereich für die Lehrkraft

1 Symmetrieachsen einzeichnen und die Anzahl bestimmen _____

2 Achsensymmetrische Figuren zeichnen _____

21

© Ernst Klett Verlag GmbH, Stuttgart 2023 | www.klett.de | Nur zum individuellen Gebrauch. Kopieren und vervielfältigen nicht gestattet.

Achsensymmetrie

◖ 3 Spiegle nacheinander an allen Symmetrieachsen.

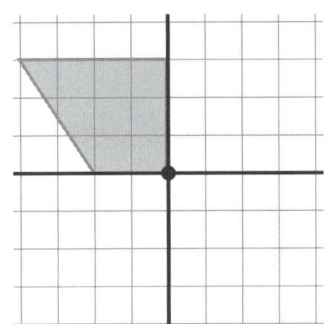 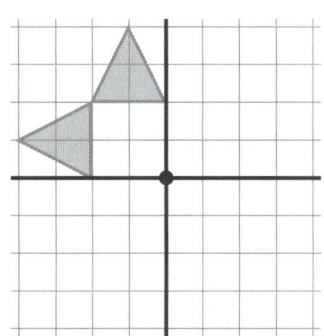

◖ 4 Ergänze symmetrisch.

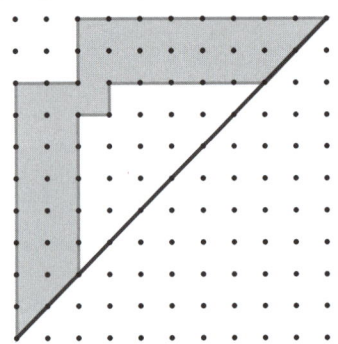 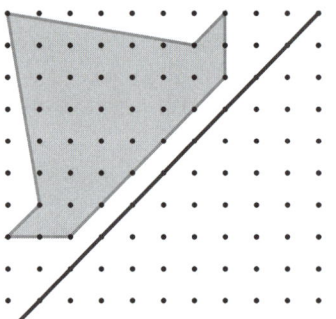

●

● 5 Male so an, dass die Figur ...

a) genau 2 Symmetrie-

   achsen hat.

b) genau eine

   Symmetrieachse hat.

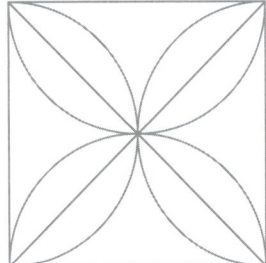 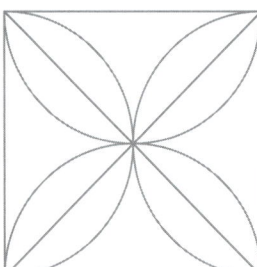

●

Bereich für die Lehrkraft

3 Achsensymmetrische Figuren auf Karoraster zeichnen
4 Achsensymmetrische Figuren auf Punktraster zeichnen
5 Figuren nach symmetrischen Vorgaben färben

© Ernst Klett Verlag GmbH, Stuttgart 2023 | www.klett.de | Nur zum individuellen Gebrauch. Kopieren und vervielfältigen nicht gestattet.

Name: _____

Datum: _____

Sachrechnen

Die Aufgaben
waren für mich:

Signal Iduna Park; Dortmund

81 365 Plätze

Allianz Arena; München

75 021 Plätze

Olympiastadion; Berlin

74 475 Plätze

Veltins-Arena; Gelsenkirchen

62 271 Plätze

○ **1** a) In welcher Stadt steht das Stadion mit den wenigsten

Zuschauerplätzen?

☐ Dortmund ☐ München ☐ Berlin ☐ Gelsenkirchen

b) 2 Stadien haben zusammen etwa 143 000 Zuschauerplätze.

In welchen Städten stehen diese beiden Stadien?

☐ Dortmund ☐ München ☐ Berlin ☐ Gelsenkirchen

🙂 😐 🙁
☐ ☐ ☐

○ **2** Wie viele Zuschauerplätze hat die Veltins-Arena weniger als das

Olympiastadion?

Lösung:

Antwort: _____

🙂 😐 🙁
☐ ☐ ☐

Bereich für die Lehrkraft

🙂 😐 🙁

1 Informationen entnehmen und nutzen _____
2 Sachaufgabe mithilfe der entnommenen Informationen lösen

☐ ☐ ☐
☐ ☐ ☐

23

© Ernst Klett Verlag GmbH, Stuttgart 2023 | www.klett.de | Nur zum individuellen Gebrauch. Kopieren und vervielfältigen nicht gestattet.

Name: _____

Datum: _____

Sachrechnen

Das längste Fußballspiel, das jemals gespielt
wurde, fand zwischen der Mannschaft der
Sportfreunde Winterbach und der Mannschaft
des „Thank God It's Friday Event Club" statt.

Das Spiel dauerte 168 Stunden und
endete 1802:1802 unentschieden.
Damit war das Spiel so lang
wie 112 normale Fußballspiele.

Anpfiff war am 29. Mai 2019.

● 3 Wie viele Tore fielen bei dem Fußballspiel?

Markiere die passende Information im Text.

Welche Lösung ist korrekt? Kreuze an.

☐ 1 802 Tore ☐ 3 604 Tore ☐ 7 208 Tore

Begründe: _____

_____

☺ ☺ ☹
☐ ☐ ☐

● 4 Frage: An welchem Tag endete das Fußballspiel?

Lösung:

Antwort: _____

_____

☺ ☺ ☹
☐ ☐ ☐

Bereich für die Lehrkraft

☺ ☺ ☹

3 Aus Sachtexten Informationen entnehmen und richtige Lösung begründen ☐ ☐ ☐

4 Komplexe Sachaufgabe lösen ☐ ☐ ☐

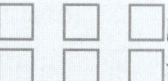

© Ernst Klett Verlag GmbH, Stuttgart 2023 | www.klett.de | Nur zum individuellen Gebrauch. Kopieren und vervielfältigen nicht gestattet.

Name: _____

Datum: _____

Schriftlich multiplizieren

Die Aufgaben waren für mich:

○ **1** Multipliziere schriftlich.

212 · 4

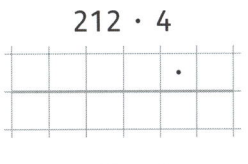

4123 · 2

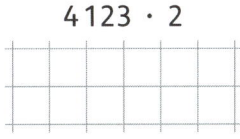

12301 · 3

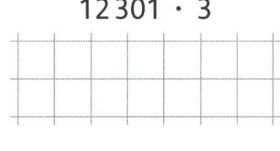

147 · 6

1287 · 5

24309 · 7

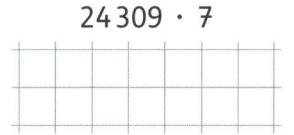

☺ 🙂 ☹

□ □ □

○ **2** Multipliziere schriftlich.

● 453 · 50

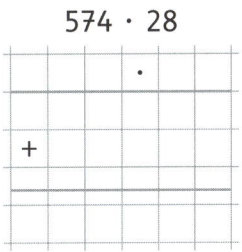

3661 · 80

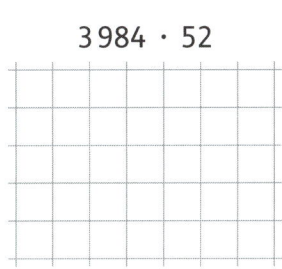

562 · 400

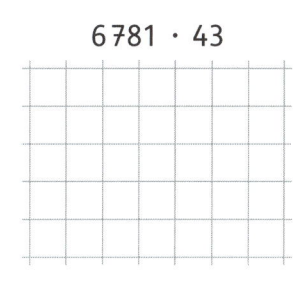

574 · 28

3984 · 52

6781 · 43

☺ 🙂 ☹

□ □ □

○ **3** Welche Aufgaben musst du schriftlich rechnen?

●

·	7	70	700
89			
356			
781			
1289			

☺ 🙂 ☹

□ □ □

Bereich für die Lehrkraft

☺ 🙂 ☹

1 Schriftlich multiplizieren mit einstelligem 2. Faktor

2 Schriftlich multiplizieren mit mehrstelligem 2. Faktor

3 Tabelle lösen

□ □ □
□ □ □
□ □ □

25

© Ernst Klett Verlag GmbH, Stuttgart 2023 | www.klett.de | Nur zum individuellen Gebrauch. Kopieren und vervielfältigen nicht gestattet.

Name: _____ Datum: _____

Schriftlich multiplizieren

4 Klecksaufgaben: Trage die richtigen Ziffern ein.

```
  9 7 · 3              6 0 2 · 6 0            4 _ · 7 0 0
  ─────                ─────────             ───────────
    8 _ 1 0              _ 7 8 _ 2 0         5 9 0 8 0 0


  5 0 8 · 4            4 _ 3 · 1 _            4 2 8 · _ 7
  ─────────           ───────────           ───────────
    _ _ _ _             _ 1 _ 3 0              4 _ 8 4
+     1 0 1 6        +   _ 2 9 7           +     9 _ 9
  ─────────           ───────────           ───────────
    _ _ _ _               2 7 _ 2              _ 2 8 6
```

😊 😐 ☹
☐ ☐ ☐

5 Welcher Überschlag passt zu welcher Aufgabe? Verbinde.
Rechne die Überschläge.

| 308 · 61 |
| 435 · 54 |
| 362 · 55 |
| 275 · 57 |

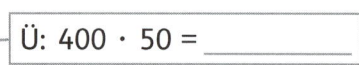

Ü: 400 · 50 = _____

Ü: 300 · 60 = _____

😊 😐 ☹
☐ ☐ ☐

6 a) Bilde aus den 3 Ziffern 1, 3 und 5 alle möglichen 3-stelligen Zahlen.

_____ _____ _____ _____ _____ _____

b) Multipliziere 2 Zahlen aus a). Wähle die Zahlen so, dass das
größtmögliche Ergebnis entsteht.

😊 😐 ☹
☐ ☐ ☐

Bereich für die Lehrkraft

😊 😐 ☹

4 Klecksaufgaben lösen   ☐ ☐ ☐
5 Passenden Überschlag finden   ☐ ☐ ☐
6 Multiplikationsaufgabe mit möglichst großem Ergebnis finden   ☐ ☐ ☐

© Ernst Klett Verlag GmbH, Stuttgart 2023 | www.klett.de | Nur zum individuellen Gebrauch. Kopieren und vervielfältigen nicht gestattet.

Flächeninhalt und Umfang

Die Aufgaben waren für mich:

○ 1 Bestimme den Flächeninhalt in Zentimeterquadraten.

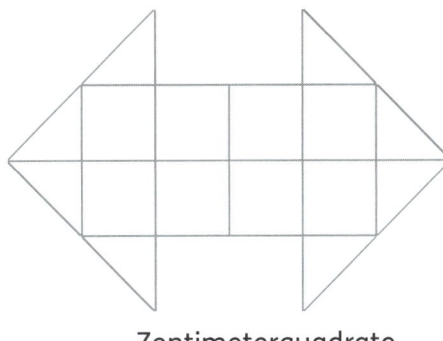 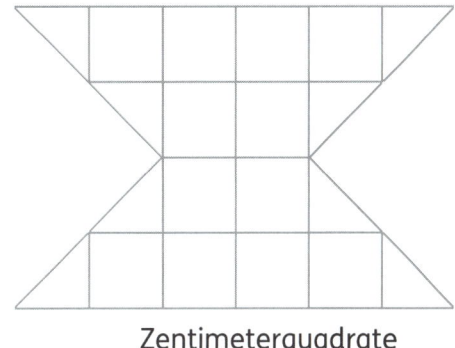

____ Zentimeterquadrate   ____ Zentimeterquadrate

○ 2 Spanne verschiedene Figuren mit dem Flächeninhalt von 10 Kästchen.

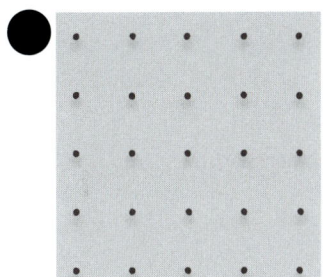 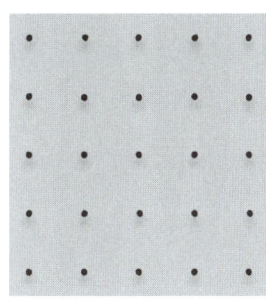

○ 3 Berechne den Umfang. Miss mit dem Lineal ganz genau.

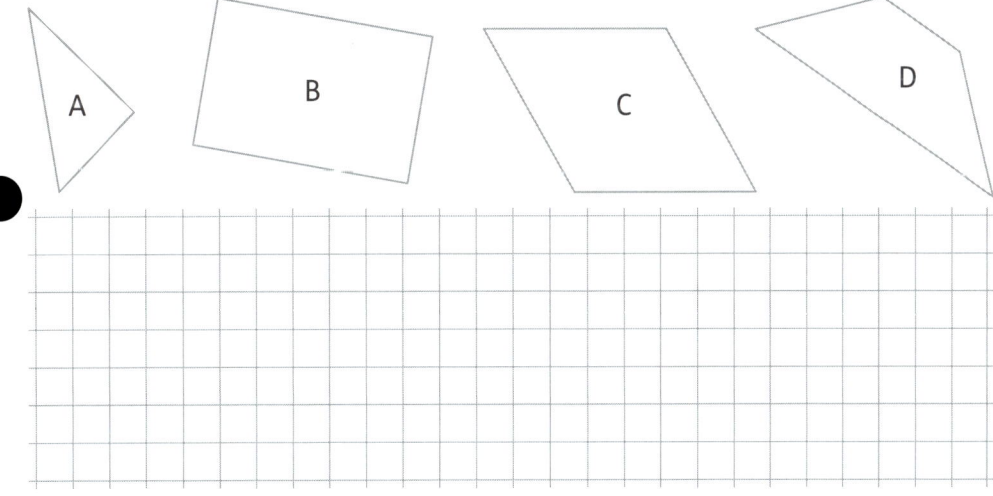

Bereich für die Lehrkraft

1 Flächeninhalt in Zentimeterquadraten angeben _____

2 Flächen mit vorgegebenem Flächeninhalt spannen _____

3 Umfang berechnen _____

_____

27

© Ernst Klett Verlag GmbH, Stuttgart 2023 | www.klett.de | Nur zum individuellen Gebrauch. Kopieren und vervielfältigen nicht gestattet.

Flächeninhalt und Umfang

4 Hausmeister Klein klebt in der Schulaula mit Klebeband eine 8 m breite rechteckige Fläche ab. Dafür braucht er 34 m langes Klebeband. Wie lang ist die Fläche? Fertige eine Skizze an.

Lösungsweg:

Antwort: _____

_____

☺ ☐ 😐 ☐ ☹ ☐

5 Bestimme den Flächeninhalt in Zentimeterquadraten.

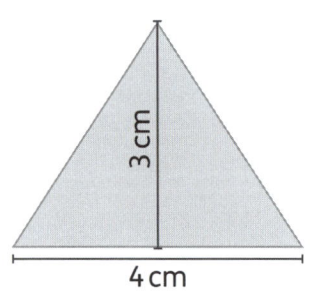

4 cm
3 cm

_____ Zentimeterquadrate

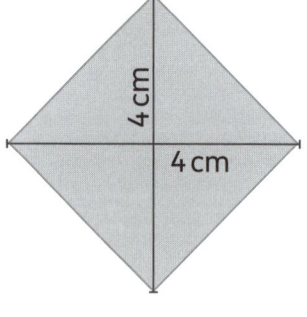

4 cm
4 cm

_____ Zentimeterquadrate

☺ ☐ 😐 ☐ ☹ ☐

Bereich für die Lehrkraft

4 Sachaufgabe zum Umfang lösen _____

5 Flächeninhalte in Quadratzentimetern (cm²) durch Zerlegen bestimmen

☺ ☐ 😐 ☐ ☹ ☐
☐ ☐ ☐

© Ernst Klett Verlag GmbH, Stuttgart 2023 | www.klett.de | Nur zum individuellen Gebrauch. Kopieren und vervielfältigen nicht gestattet.

Name: _____

Datum: _____

Schriftlich dividieren

○ 1 Dividiere schriftlich.

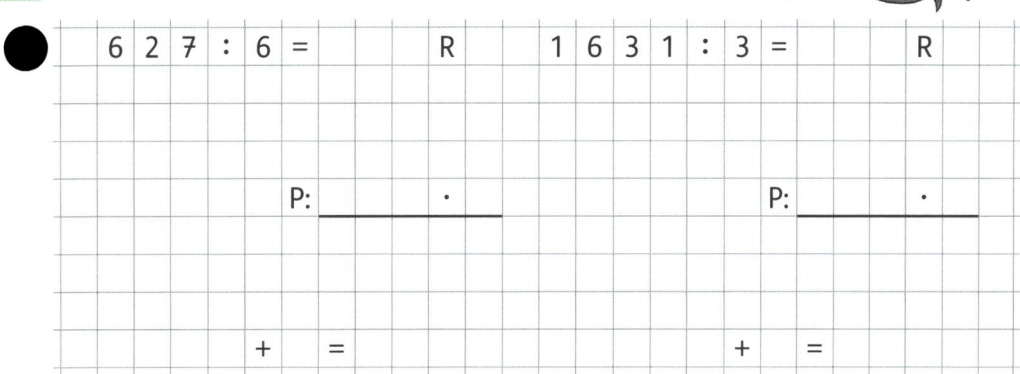

H	Z	E				H	Z	E
7	9	2	:	6	=			

T	H	Z	E			H	Z	E
2	6	9	2	:	4	=		

🙂 😐 🙁
□ □ □

○ 2 Dividiere schriftlich. Kontrolliere mit der Probe.

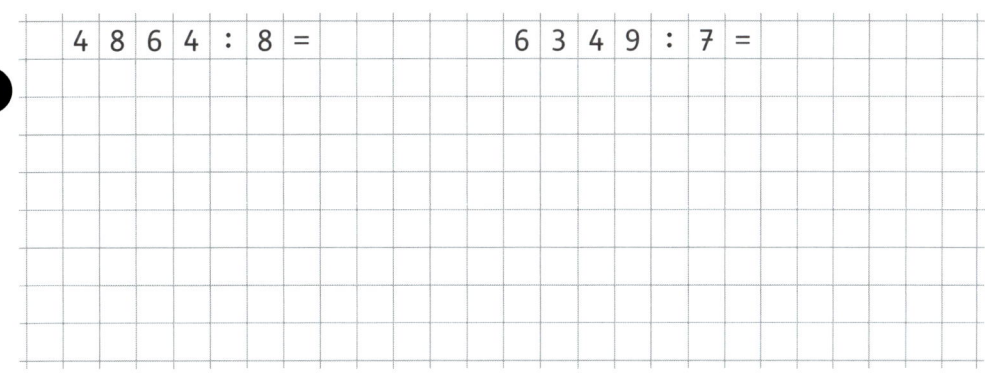

● 6 2 7 : 6 =   R   1 6 3 1 : 3 =   R

P: _____ · _____   P: _____ · _____

+   =   +   =

🙂 😐 🙁
□ □ □

○ 3 Überschlage. Dividiere schriftlich.

Ü: = _____   Ü: = _____

● 4 8 6 4 : 8 =   6 3 4 9 : 7 =

🙂 😐 🙁
□ □ □

Bereich für die Lehrkraft

🙂 😐 🙁

1 Schriftlich dividieren
2 Schriftlich dividieren mit Rest. Die Probe zur Kontrolle nutzen
3 Schriftlich dividieren mit einer Null im Quotienten. Den Überschlag nutzen

□ □ □
□ □ □
□ □ □

© Ernst Klett Verlag GmbH, Stuttgart 2023 | www.klett.de | Nur zum individuellen Gebrauch. Kopieren und vervielfältigen nicht gestattet.

Name: _____

Datum: _____

Schriftlich dividieren

Die Aufgaben waren für mich:

4 Überschlage. Male an.

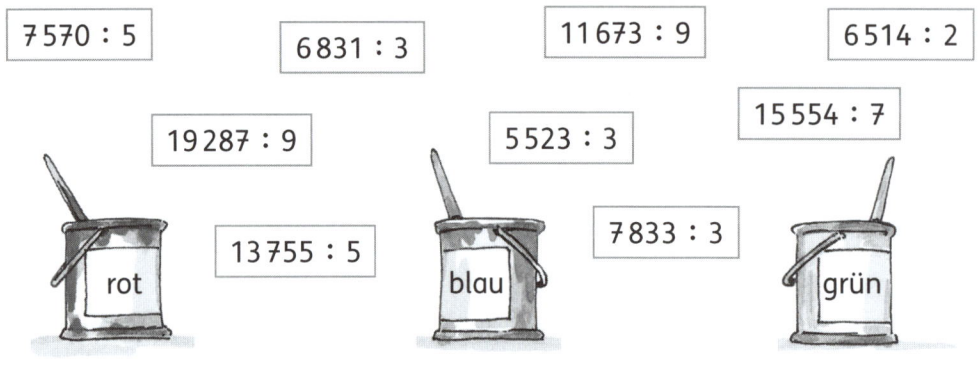

$7570 : 5$

$6831 : 3$

$11673 : 9$

$6514 : 2$

$19287 : 9$

$5523 : 3$

$15554 : 7$

$13755 : 5$

$7833 : 3$

rot

blau

grün

Ergebnis < 2 000

Ergebnis zwischen 2 000 und 2 500

Ergebnis > 2 500

😊 😐 ☹
☐ ☐ ☐

●

5 Finde die Fehler. Markiere sie. Verbinde mit der passenden Wortkarte.

Korrigiere im freien Karofeld.

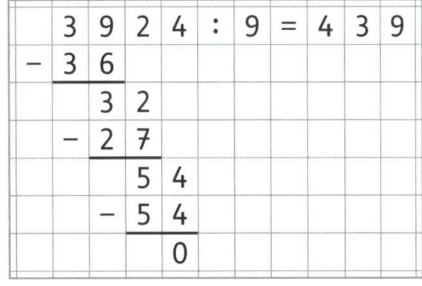

```
2 4 2 8 : 4 = 6 7
- 2 4
    0 2 8
  - 2 8
        0
```

Falsch dividiert!

Fehler mit der Null!

Fehler mit dem Rest!

●

```
3 9 2 4 : 9 = 4 3 9
- 3 6
    3 2
  - 2 7
      5 4
    - 5 4
        0
```

😊 😐 ☹
☐ ☐ ☐

Bereich für die Lehrkraft

😊 😐 ☹

4 Das Überschlagen bei der Ergebnisabschätzung der Division anwenden _____

5 Fehler bei der schriftlichen Division erkennen und berichtigen _____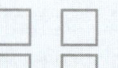

30

© Ernst Klett Verlag GmbH, Stuttgart 2023 | www.klett.de | Nur zum individuellen Gebrauch. Kopieren und vervielfältigen nicht gestattet.

Name: _____

Datum: _____

Mit Tabellen und Gleichungen arbeiten

○ **1** Löse mithilfe einer Tabelle.

Konrad, Philipp und Alwin haben zusammen 185 Sammelkarten. Konrad hat halb so viele wie Alwin. Philipp hat 20 weniger als Konrad.

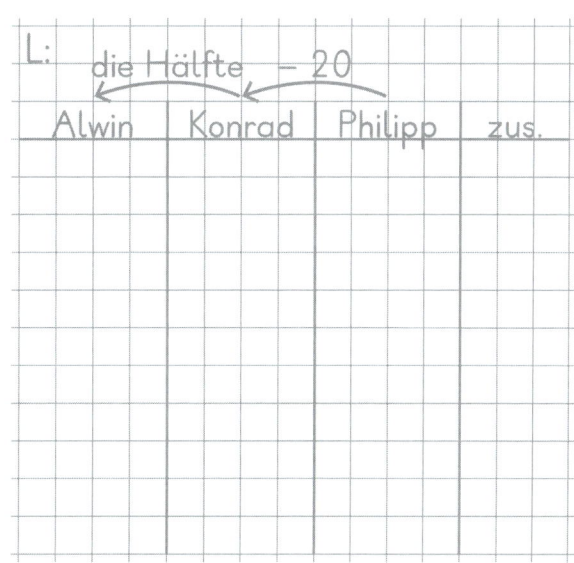

F: Wie viele Karten hat jeder?

A: _____

● _____

_____

○ **2** Mit welcher Gleichung kannst du die Aufgabe lösen? Notiere, rechne und antworte.

Luise und Lotta sammeln Sticker. In Luises Album sind 16 Reihen mit 7 Stickern voll. In Lottas Album sind 18 Reihen mit 6 Stickern voll.

A: $16 \cdot 7 + 6$

B: $18 \cdot 7 + 16 \cdot 6$

C: $16 \cdot 7 + 18 \cdot 6$

D: $16 \cdot 7 - 18 \cdot 6$

F: _____

● _____

A: _____

_____

Bereich für die Lehrkraft

1 Tabelle gemäß Aufgabe ausfüllen, richtige Lösung finden

2 Zur Aufgabe passende Gleichung auswählen und ausrechen

31

© Ernst Klett Verlag GmbH, Stuttgart 2023 | www.klett.de | Nur zum individuellen Gebrauch. Kopieren und vervielfältigen nicht gestattet.

Name: _____

Datum: _____

Mit Tabellen und Gleichungen arbeiten

3 Finde eine Gleichung zum Lösen der Aufgabe Notiere, rechne und antworte.

Familie Schmidt feiert mit 7 Kindern und 4 Erwachsenen Kindergeburtstag im Trampolinpark. Der Eintritt für Kinder kostet 18 Euro. Der Eintritt für Erwachsene kostet 23 Euro. Wie viel kostet der Eintritt zusammen?

L:

A: _____

_____

4 Löse mit einer Tabelle.

Im Stall sind Pferde und Spinnen. Fünf Tauben fliegen dazu. Jetzt sind im Stall 18 Tiere. Sie haben insgesamt 86 Beine.

F: Wie viele Pferde und wie viele Spinnen sind im Stall?

A: _____

_____

L:

Bereich für die Lehrkraft

3 Zur Aufgabe passende Gleichung finden und Aufgabe lösen

4 Zur Aufgabe passende Tabelle finden und Aufgabe lösen

© Ernst Klett Verlag GmbH, Stuttgart 2023 | www.klett.de | Nur zum individuellen Gebrauch. Kopieren und vervielfältigen nicht gestattet.

Name: _____ Datum: _____

Gewichte

○ 1 Ergänze die fehlenden Angaben.

Kilogramm	Kilogramm und Gramm	Gramm
	6 kg 342 g	
	2 kg 500 g	
1,234 kg		
		820 g

☺ ☻ ☹
☐ ☐ ☐

○ 2 Herr Müller plant eine Fahrradtour. Sein Fahrradanhänger darf maximal mit 17,5 kg beladen werden. Hier ist seine Packliste.

● Darf er alle Sachen in den Anhänger laden?

L:

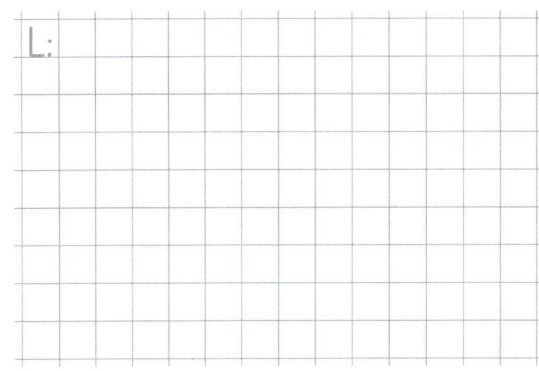

Packliste	
Getränke:	5 kg 200 g
Vesper:	$3\frac{1}{2}$ kg
Decke:	1 250 g
Fotoausrüstung:	6,700 kg

☺ ☻ ☹
☐ ☐ ☐

A: _____

○ 3 a) Schreibe in t.

3 t 760 kg = _____

7 t 50 kg = _____

3 644 kg = _____

2 900 kg = _____

84 100 kg = _____

b) Schreibe in kg.

4,506 t = _____

2,3 t = _____

6,08 t = _____

7,75 t = _____

$55\frac{1}{2}$ t = _____

☺ ☻ ☹
☐ ☐ ☐

Bereich für die Lehrkraft

☺ ☻ ☹

1 Gewichtsangaben unterschiedlich notieren _____ ☐ ☐ ☐
2 Sachaufgabe mit Gewichten lösen _____ ☐ ☐ ☐
3 Gewichtsangaben umrechnen _____ ☐ ☐ ☐

33

© Ernst Klett Verlag GmbH, Stuttgart 2023 | www.klett.de | Nur zum individuellen Gebrauch. Kopieren und vervielfältigen nicht gestattet.

Gewichte

4 <, > oder = ?

3,2 kg ◯ 2,3 kg

250 g ◯ $\frac{1}{2}$ kg

6,6 kg ◯ 6 kg 6 g

5,2 kg ◯ 5 $\frac{1}{2}$ kg

12 kg 400 g ◯ 12,4 kg

$\frac{1}{4}$ kg ◯ 2 kg 50 g

8 kg 700 g ◯ 8,7 kg

2 $\frac{3}{4}$ kg ◯ 2075 g

5 Wandle um. Schreibe in allen 3 Schreibweisen.

200 t 500 kg			89 t 89 kg
	123 400 kg		
200,5 t		77,3 t	

●

6

Airbus A320neo

Leergewicht 44,3 t

maximales Startgewicht: 79,0 t

Flugbenzin bei vollem Tank: 21,380 t

Wie viele Tonnen darf ein vollgetankter Airbus 320neo noch zuladen?

Lösung:

Antwort: _____

●

Bereich für die Lehrkraft

4 Gewichtsangaben vergleichen

5 Gewichtsangaben umwandeln

6 Komplexe Sachaufgabe mit Gewichten lösen

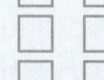

© Ernst Klett Verlag GmbH, Stuttgart 2023 | www.klett.de | Nur zum individuellen Gebrauch. Kopieren und vervielfältigen nicht gestattet.

Name:

Datum:

Schriftlich rechnen

Die Aufgaben
waren für mich:

○ 1 Rechne schriftlich.

28 743 − 480 − 8 744	73 501 − 5 555 − 3 391	607 334 − 87 301 − 23

😊 😐 ☹
☐ ☐ ☐

○ 2 Rechne schriftlich.

98 765 + 12 345 + 2 288	56 274 + 7 602 + 2 376 + 481

876 + 28 926 + 3 092

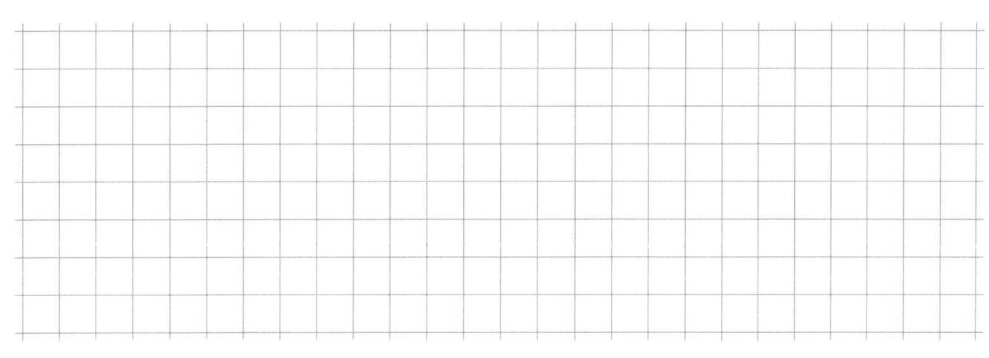

😊 😐 ☹
☐ ☐ ☐

○ 3 Überschlage und verbinde. Welches Ergebnis gehört zu welcher Aufgabe?

75 330 + 22 809 + 82	132 968
3 870 + 120 845 + 8 253	350 304
429 553 − 680 − 78 569	98 221

😊 😐 ☹
☐ ☐ ☐

Bereich für die Lehrkraft

😊 😐 ☹

1 Schriftlich subtrahieren mit mehreren Subtrahenden   ☐ ☐ ☐
2 Schriftlich addieren mit mehreren Summanden   ☐ ☐ ☐
3 Ergebnisse durch Überschlag abschätzen   ☐ ☐ ☐

35

© Ernst Klett Verlag GmbH, Stuttgart 2023 | www.klett.de | Nur zum individuellen Gebrauch. Kopieren und vervielfältigen nicht gestattet.

Schriftlich rechnen

4 Überschlage zuerst. Rechne dann genau.

5 Bücher. Ein Buch kostet 15,95 €.	4 Roller. Ein Roller kostet 79,23 €.

5 Überschlage zuerst. Rechne dann genau.

Der Gewinn von 627,20 € wird an 8 Klassen verteilt.

6 Überschlage. Kreuze das richtige Ergebnis an.

29 376 : 9

Ü: = _____

☐ 32 604

☐ 3 264

☐ 326

7 211 · 4

Ü: = _____

☐ 288 844

☐ 2 884

☐ 28 844

Bereich für die Lehrkraft

4 Schriftlich multiplizieren und Überschlag anwenden

5 Schriftlich dividieren und Überschlag anwenden

6 Zur Ergebnisabschätzung der Multiplikation und Division überschlagen

© Ernst Klett Verlag GmbH, Stuttgart 2023 | www.klett.de | Nur zum individuellen Gebrauch. Kopieren und vervielfältigen nicht gestattet.

Name: _____   Datum: _____

Zeitpunkt und Zeitspanne

Die Aufgaben
waren für mich:

○ 1   Abfahrt *Departure*   Kassel-Wilhelmshöhe

Zeit *Time*	Zug *Train*	Richtung *Destination*	Gleis *Track*
8:37	ICE 71	Frankfurt/M Hbf 10:00 — Mannheim 10:42 — Karlsruhe Hbf 11:06 — Freiburg 12:09 — Basel Bad Bf 12:47 — **Basel SBB 12:55**	2
		9:00	
9:00	IC 2156	Warburg (Westf) 9:32 — Paderborn 10:08 — Dortmund 11:15 — Essen 11:39 — Düsseldorf Airport 12:04 — **Düsseldorf Hbf 12:12**	3
9:10	ICE 375	Fulda 9:45 — Hanau 10:27 — Frankfurt/M Hbf 10:44 — Mannheim 11.28 — Karlsruhe Hbf 11:58 — Offenburg 12:27 — Freiburg 12:59 — Basel Bad Bf 13:36 — Basel SBB 13:47 — Bern 14:56 — **Interlaken Ost 15:57**	2
9:31	IC 2277	Wabern 9:50 — Treysa 10:08 — Marburg 10:33 — Gießen 10:51 — Frankfurt/M Hbf 11:33 — Darmstadt 11:53 — **Karlsruhe Hbf 13:01**	2

Zeit *Time*	Zug *Train*	Richtung *Destination*	Gleis *Track*
9:37	ICE 886	Göttingen 9:54 — Hannover 10:32 — Hamburg-Harburg 11:42 — Hamburg Hbf 11:56 — **Hamburg-Altona 12:10**	3
9:48	RE 3910	Kassel-Hbf 9:52 — Hofgeismar 10:18 — Warburg (Westf) 10:35 — Brillon Wald 11:21 — Bestwig 11:35 — **Hagen Hbf 12:46**	10
9:50	ICE 694	Göttingen 10:07 — Hildesheim 10:36 — Braunschweig 10:59 — Berlin Hbf 12:21 — **Berlin Ostbahnhof 12:31**	3
		10:00	
10:04	RE 26139	Hann Münden 10:20 — Eichenberg 10:40 — Leinefelde 11:02 — Nordhausen 11:36 — **Halle (Saale) 13:06**	1
10:28	IC 2376	Göttingen 10:48 — Hannover 11:56 — Hamburg Hbf 13:28 — Schwerin 14:36 — Rostock 15:32 — **Stralsund 16:30** Sa. weiter nach Ostseebad Binz 17:41	4

ICE Intercity-Express   IC Intercity   RE Regional-Express

a)   Welche verschiedenen Zugarten findest du auf dem Fahrplan?

_____

b)   Auf welchem Gleis fährt der RE um 9.48 Uhr ab?

_____

c)   Welcher Zug fährt um 9.31 Uhr ab?

_____

☺ 😐 ☹
☐ ☐ ☐

○ 2   Wie lange dauert die Fahrt vom IC 2376 von Kassel-Wilhelmshöhe bis Rostock?

L:

A: _____

_____

☺ 😐 ☹
☐ ☐ ☐

Bereich für die Lehrkraft

1   Informationen aus einem Fahrplan entnehmen

2   Sachaufgaben mit Zeitspannen lösen

☺ 😐 ☹
☐ ☐ ☐
☐ ☐ ☐

37

© Ernst Klett Verlag GmbH, Stuttgart 2023 | www.klett.de | Nur zum individuellen Gebrauch. Kopieren und vervielfältigen nicht gestattet.

Name: _____

Datum: _____

Zeitpunkt und Zeitspanne

Die Aufgaben
waren für mich:

3 Wandle um.

a)   48 Monate = _____ Jahre   72 Monate = _____ Jahre

730 Tage   = _____ Jahre   1 095 Tage   = _____ Jahre

b)   3 Jahre = _____ Monate $\frac{1}{4}$ Jahr   = _____ Monate

61 Tage = _____ Monate   181 Tage = _____ Monate

c)   12 h = _____ min   1 Tag   = _____ min

9 h = _____ min   2 Tage = _____ min

d)   3 Tage = _____ h   10 Tage = _____ h

1 Woche = _____ h   April = _____ h

●

4 Wie lange dauert die Fahrt?

a) Abfahrt: 12.02.   Ankunft: 13.02.

17.54 Uhr _____ h _____ min ──────→ 12.07 Uhr

b) Abfahrt: 21.02.   Ankunft: 23.02.

8.13 Uhr _____ Tage _____ h _____ min ──────→ 20.23 Uhr

c) Abfahrt: 25.02.   Ankunft: 29.02.

21.13 Uhr _____ Tage _____ h _____ min ──────→ 19.38 Uhr

●

d) Abfahrt: 02.03.   Ankunft: 05.03.

12.47 Uhr _____ Tage _____ h _____ min ──────→ 00.05 Uhr

Bereich für die Lehrkraft

3 Zeitangaben umwandeln _____

4 Zeitspannen berechnen _____

© Ernst Klett Verlag GmbH, Stuttgart 2023 | www.klett.de | Nur zum individuellen Gebrauch. Kopieren und vervielfältigen nicht gestattet.

Körper und Quader

○ **1** Wie heißen die Körper? Verbinde.

| Pyramide | Quader | Kegel |

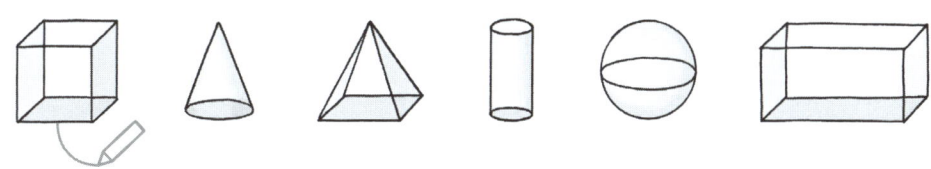

😊 😐 ☹
☐ ☐ ☐

| Kugel | Würfel | Zylinder |

○ **2** Färbe gegenüberliegende Flächen mit der gleichen Farbe.

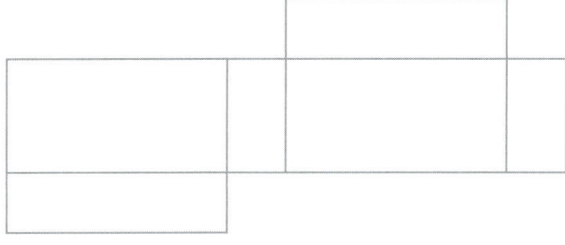

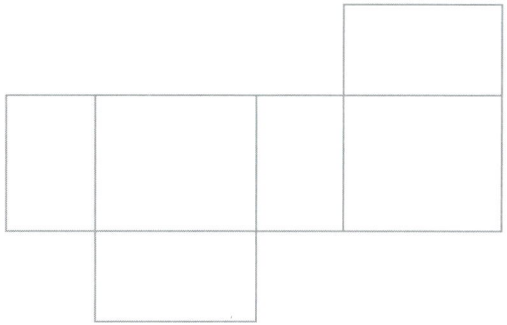

😊 😐 ☹
☐ ☐ ☐

Bereich für die Lehrkraft

😊 😐 ☹

1 Geometrische Körper benennen _____ ☐ ☐ ☐

2 Gegenüberliegende Flächen von Quadernetzen färben _____ ☐ ☐ ☐

© Ernst Klett Verlag GmbH, Stuttgart 2023 | www.klett.de | Nur zum individuellen Gebrauch. Kopieren und vervielfältigen nicht gestattet.

Körper und Quader

3 Welche Körper können es sein? Ergänze ihre Namen.

Ich habe Ecken.

_____ , _____ , _____

An mir findet man runde Flächen.

_____ , _____ , _____

An meinen Flächen kann man rechte Winkel entdecken.

_____ , _____ , _____

4 Ergänze immer eine Fläche, sodass ein Quadernetz entsteht.

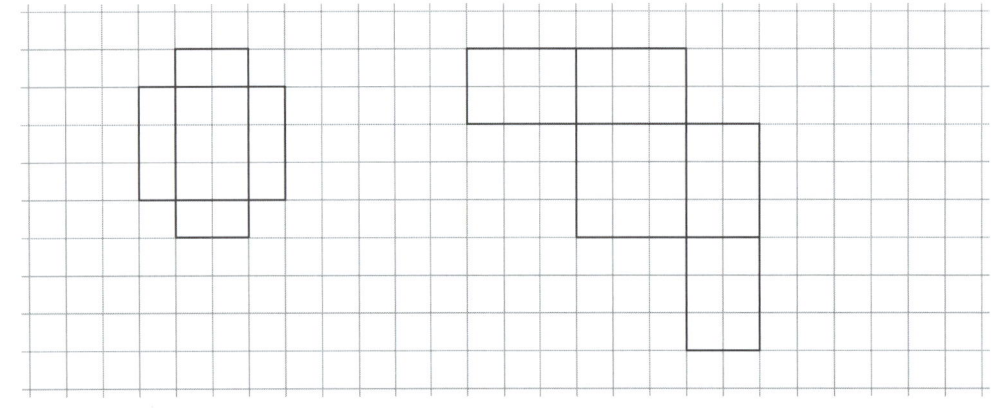

5 Kippe und beschreibe den Weg zum Ziel. Welche Fläche liegt am Ende oben?

Bereich für die Lehrkraft

3 Körperrätsel lösen

4 Quadernetze ergänzen

5 Quader im Kopf kippen und Weg notieren.

© Ernst Klett Verlag GmbH, Stuttgart 2023 | www.klett.de | Nur zum individuellen Gebrauch. Kopieren und vervielfältigen nicht gestattet.

Quadercity

1 Welcher Bauplan gehört zu welchem Gebäude? Verbinde.

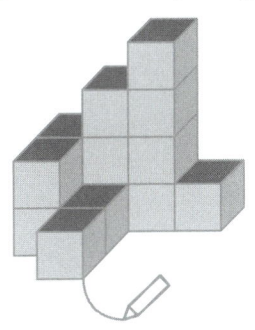  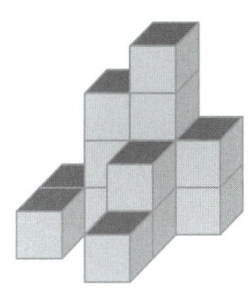

●

2	3	4	1
2		2	
		1	

2	3	4	1
	2	1	
		1	

1	3	4	2
	1	2	
		1	

1	3	4	2
	1	2	
		1	

🙂 😐 🙁
☐ ☐ ☐

2 Zeichne Baupläne zu den Gebäuden.

●

🙂 😐 🙁
☐ ☐ ☐

Bereich für die Lehrkraft

🙂 😐 🙁

1 Baupläne und Würfelgebäude zuordnen _____ ☐ ☐ ☐

2 Baupläne zu Würfelgebäuden zeichnen _____ ☐ ☐ ☐

© Ernst Klett Verlag GmbH, Stuttgart 2023 | www.klett.de | Nur zum individuellen Gebrauch. Kopieren und vervielfältigen nicht gestattet.

Name: _____

Datum: _____

Quadercity

3 Zeichne Baupläne zu den Gebäuden.

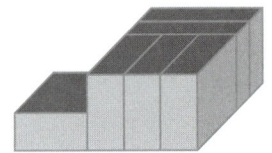 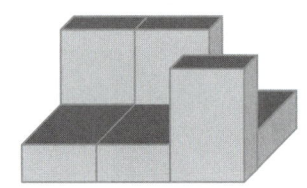

 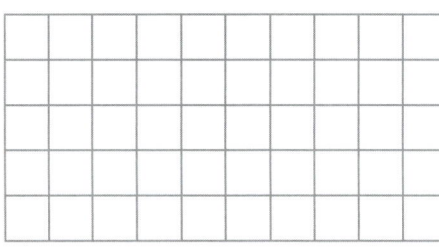

4 Zeichne das Schrägbild zu dem Würfelgebäude.

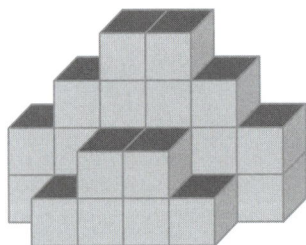

Bereich für die Lehrkraft

3 Baupläne zu Quadergebäuden zeichnen _____

4 Würfelgebäude in Schrägbild übersetzen _____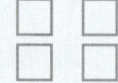

© Ernst Klett Verlag GmbH, Stuttgart 2023 | www.klett.de | Nur zum individuellen Gebrauch. Kopieren und vervielfältigen nicht gestattet.

Name: _____

Datum: _____

Zufall und Wahrscheinlichkeit, Kombinieren

Die Aufgaben waren für mich:

○ **1** Trage die Gewinnchancen auf dem Wahrscheinlichkeitsstreifen ein.

| Ina: Ich gewinne bei Zahlen größer als 2. | Lars: Ich gewinne bei 10. | Pia: Ich gewinne bei einer ungeraden Zahl. |

| Metin: Ich gewinne bei Grau. |

●

| unmöglich | möglich (wahrscheinlich) | sicher |

😊 😐 ☹
☐ ☐ ☐

○ **2** Wie sehen die Wappen aus? Vervollständige das Baumdiagramm.

●

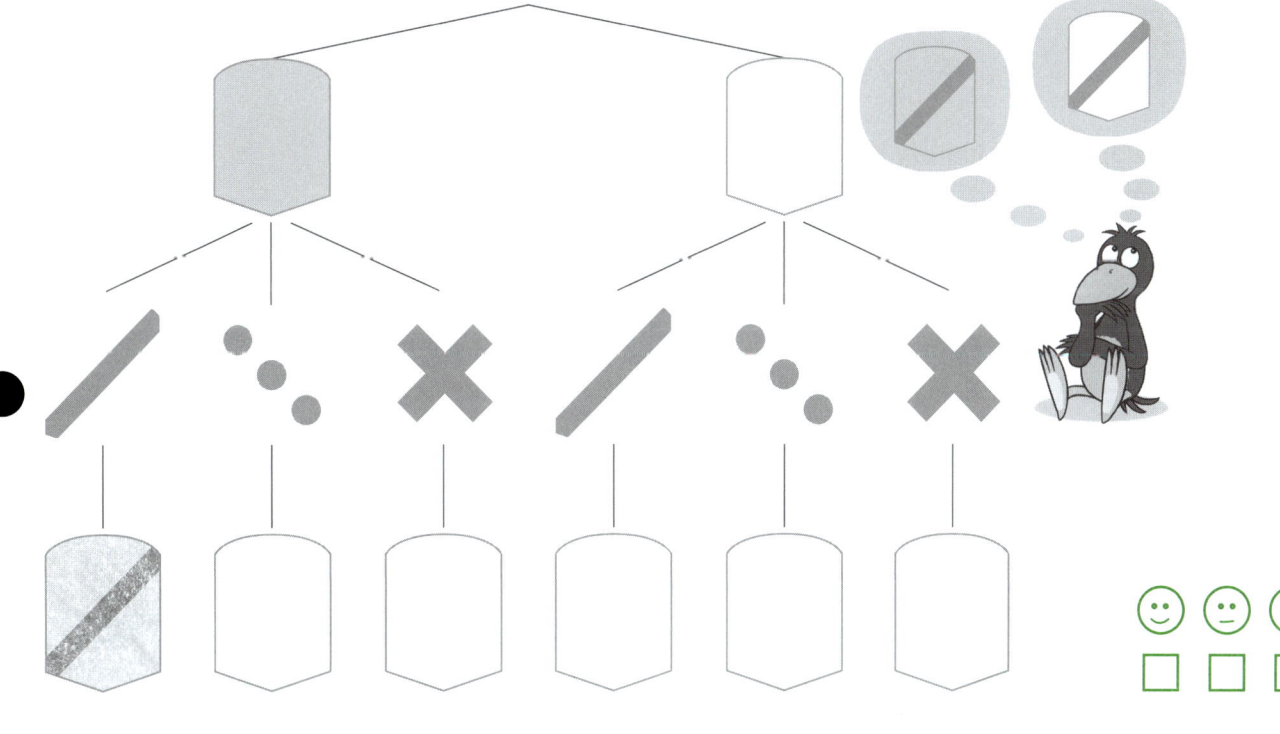

😊 😐 ☹
☐ ☐ ☐

Bereich für die Lehrkraft

😊 😐 ☹

1 Gewinnchancen auf dem Wahrscheinlichkeitsstreifen anordnen   ☐ ☐ ☐
2 Baumdiagramm zeichnen   ☐ ☐ ☐

© Ernst Klett Verlag GmbH, Stuttgart 2023 | www.klett.de | Nur zum individuellen Gebrauch. Kopieren und vervielfältigen nicht gestattet.

Name: _____

Datum: _____

Zufall und Wahrscheinlichkeit, Kombinieren

Die Aufgaben waren für mich:

3 Färbe die Glücksräder so, dass jedes zu allen Gewinnchancen passen.

| Es ist unmöglich, dass Blau gewinnt. | Es ist möglich, dass Rot oder Gelb gewinnt. | Rot hat eine höhere Gewinnchance als Grün. |

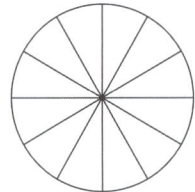 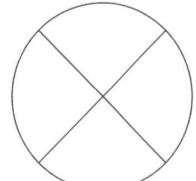 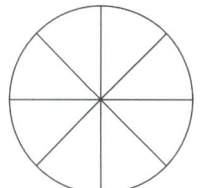 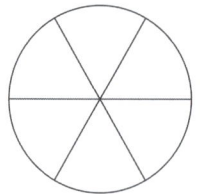

4 Baue Türme aus roten und gelben Steinen. Wie viele verschiedene Möglichkeiten gibt es?

a) Baue zweistöckige Türme.

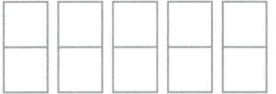

Es gibt _____ Möglichkeiten.

b) Baue dreistöckige Türme.

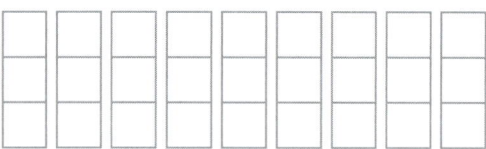

Es gibt _____ Möglichkeiten.

c) Baue vierstöckige Türme.

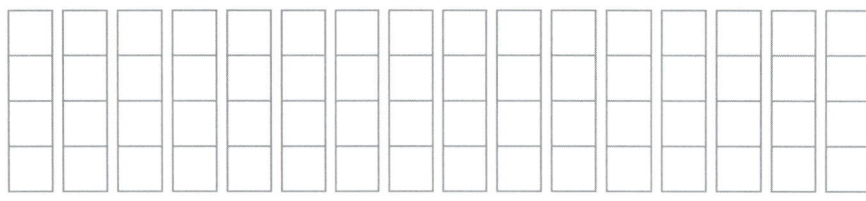

Es gibt _____ Möglichkeiten.

Bereich für die Lehrkraft

3 Glücksräder gemäß vorgegebener Gewinnchance färben
4 Möglichst alle Kombinationsmöglichkeiten finden

44

© Ernst Klett Verlag GmbH, Stuttgart 2023 | www.klett.de | Nur zum individuellen Gebrauch. Kopieren und vervielfältigen nicht gestattet.

Name: _____

Datum: _____

Mit Tabellen und Diagrammen arbeiten

○ **1** Große Fußballstadien

	Name	Stadt	Plätze	Gerundet auf Tausender
1	Camp Nou	Barcelona	99 354	
2	Wembley-Stadion	London	90 000	
3	Stade de France	Paris	81 338	
4	Estádio de Maracanã	Rio de Janeiro	78 838	
5	Olympiastadion	Berlin	74 475	

a) Runde die Anzahl der Plätze auf Tausender.

● b) Ergänze das Säulendiagramm.

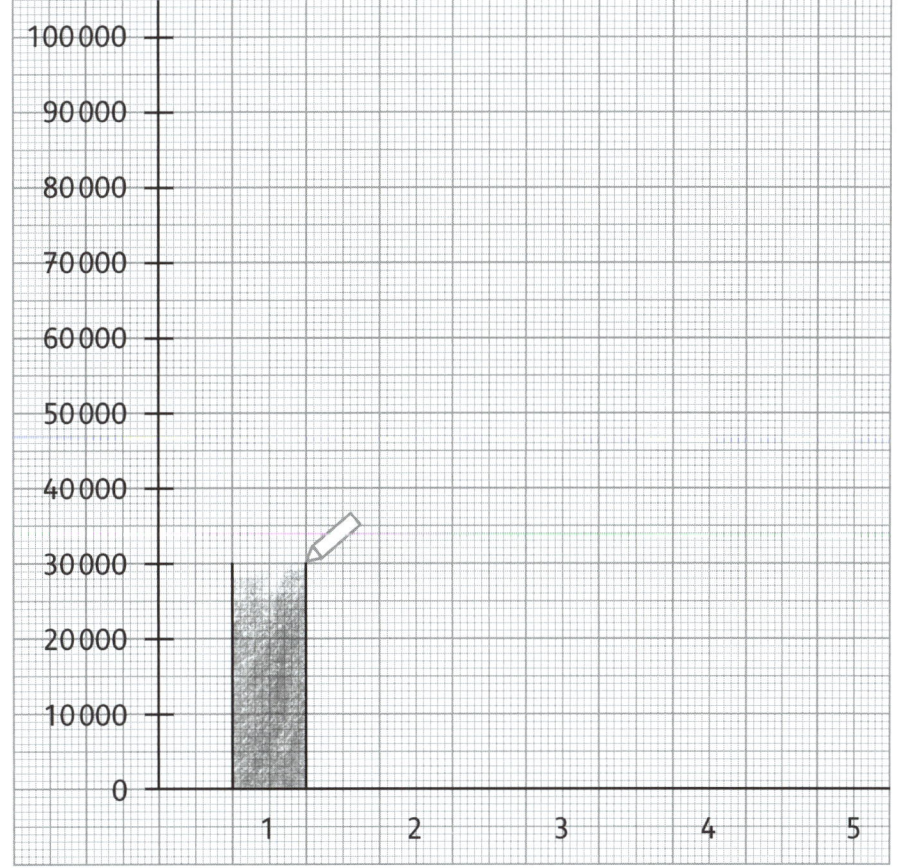

😊 😐 🙁
☐ ☐ ☐

Bereich für die Lehrkraft

1 Mit gerundeten Zahlen ein Säulendiagramm zeichnen

😊 😐 🙁
☐ ☐ ☐

45

© Ernst Klett Verlag GmbH, Stuttgart 2023 | www.klett.de | Nur zum individuellen Gebrauch. Kopieren und vervielfältigen nicht gestattet.

Name: _____

Datum: _____

Mit Tabellen und Diagrammen arbeiten

Die Aufgaben waren für mich:

So viele Kinder besuchten im Schuljahr 2018/19 in den 3 größten Bundesländern eine Grundschule:

	Kinder
Nordrhein-Westfalen	🕴🕴🕴 🕴 🕴 🕴🕴🕴 🕴
Bayern	🕴🕴 🕴 🕴 🕴🕴 🕴 🕴
Baden-Württemberg	🕴 🕴 🕴 🕴 🕴 🕴 🕴 🕴 🕴 🕴 🕴 🕴 🕴

Die Größe der Bilder bedeutet: 🕴 100 000 Jungen, 🕴 10 000 Jungen

🕴 100 000 Mädchen, 🕴 10 000 Mädchen

2 Beantworte die Fragen.

Wie viele Jungen besuchten eine Grundschule in Baden-Württemberg?

_____

Wie viele Kinder besuchten eine Grundschule in

Nordrhein-Westfalen?

_____

😊 😐 ☹
☐ ☐ ☐

3 Das Kreisdiagramm stellt die Anzahl der Grundschulkinder der 3 Bundesländer dar. Beschrifte die Linien passend mit den Namen der Bundesländer.

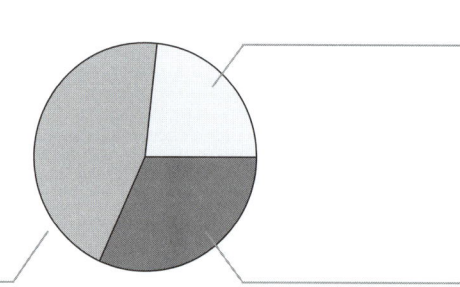

😊 😐 ☹
☐ ☐ ☐

Bereich für die Lehrkraft

😊 😐 ☹

2 Piktogramme interpretieren _____ ☐ ☐ ☐

3 Kreisdiagramm interpretieren und beschriften _____ ☐ ☐ ☐

© Ernst Klett Verlag GmbH, Stuttgart 2023 | www.klett.de | Nur zum individuellen Gebrauch. Kopieren und vervielfältigen nicht gestattet.

Name: _____

Datum: _____

Das kann ich jetzt

Die Aufgaben waren für mich:

○ 1 Vervollständige die Tabelle.

NHT	NZT	Z	NZT	NHT
		234 567		
		400 266		
		399 698		

○ 2 Addiere und subtrahiere schriftlich.

740 218 + 49 556   89 345 − 44 719   890 068 − 75 688

○ 3 Multipliziere und dividiere schriftlich.

2 8 1 · 5 6      4 3 0 9 · 7 3

8 8 2 : 7 =   2 1 8 8 : 4 =

Bereich für die Lehrkraft

1 Verschiedene Nachbarn einer Zahl bestimmen

2 Schriftlich addieren und subtrahieren

3 Schriftlich multiplizieren und dividieren

47

© Ernst Klett Verlag GmbH, Stuttgart 2023 | www.klett.de | Nur zum individuellen Gebrauch. Kopieren und vervielfältigen nicht gestattet.

Das kann ich jetzt

Die Aufgaben waren für mich:

4 Ordne die Zahlen der Größe nach. Beginne mit der kleinsten Zahl.

| 284 653 | 824 365 | 284 356 | 284 635 | 284 365 |

_____

_____

☺ ☻ ☹
☐ ☐ ☐

5 Klecksaufgaben: Trage die richtigen Ziffern ein.

```
      8 2 0
  +  2 ▨ 9 ▨ 8
  ─────────────
    6 4 ▨ 9 7

    7 6 ▨ 5 6
  − 3 ▨ 6 ▨ 1
  ─────────────
    ▨ 1 7 2 ▨
```

```
  3 7 8 · 4
  ▨ ▨ ▨ ▨
  +     7 5 6
  ─────────────
  ▨ ▨ ▨ ▨
```

```
  7 1 ▨ 6 : 9 = ▨ 9
  − 6 3
  ─────
      8 ▨
  −   ▨ ▨
  ─────
        3 6
      − 3 6
      ─────
          0
```

☺ ☻ ☹
☐ ☐ ☐

6

Airbus A320neo

Passagiere:
  8 Business Class
  162 Economy Class

Spannweite: 35,80 m
Länge: 37,70 m

Reisegeschwindigkeit: 830 km/h

Stimmt das? Überschlage.   ja   nein

a) Die Länge des Airbus 320neo übertrifft die
   Spannweite um fast 2 Meter.   ☐   ☐

b) In den Airbus 320neo passen insgesamt bis zu
   170 Passagiere.   ☐   ☐

c) Ein Airbus 320neo braucht für die 1 600 km lange Strecke
   von Köln nach Tunis ungefähr 4 Stunden.   ☐   ☐

☺ ☻ ☹
☐ ☐ ☐

Bereich für die Lehrkraft

☺ ☻ ☹

4 Zahlen bis 1 000 000 ordnen _____   ☐ ☐ ☐

5 Klecksaufgaben lösen _____   ☐ ☐ ☐

6 Behauptungen auf Plausibilität prüfen _____   ☐ ☐ ☐

© Ernst Klett Verlag GmbH, Stuttgart 2023 | www.klett.de | Nur zum individuellen Gebrauch. Kopieren und vervielfältigen nicht gestattet.